Jeannette Knake

Tolle Tattoos

einfach, schnell und abwaschbar

CHRISTOPHORUS
BRUNNEN-REIHE

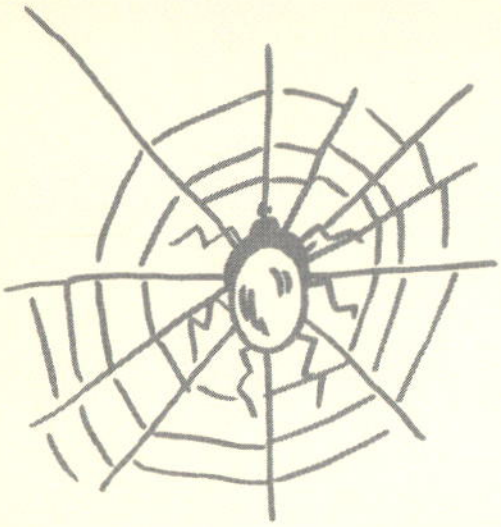

Inhalt

Tolle Tattoos

Vor allem im Sommer sind sie überall zu sehen, an Ober- und Unterarmen, am Fußgelenk, Hals, Bauchnabel, manchmal sogar im Gesicht: bunte Bilder oder farbige Zeichen auf der Haut. Mit richtigen Tätowierungen, bei denen die Farbpigmente in die Haut eingebracht werden, haben diese Tattoos nur wenig gemeinsam, denn sie sind schnell und schmerzlos aufzutragen und nach Belieben einfach durch Abwaschen wieder zu entfernen. Trotzdem sehen sie den "echten" Tattoos täuschend ähnlich, und immer mehr entdecken für sich diesen Körperschmuck. Egal ob für die Disco, den Bummel am Strand oder durch die Stadt, eine Party oder den Kindergeburtstag, ein effektvolles Tattoo gehört einfach dazu.

Inspiriert sind die Tattoos meist durch Motive der klassischen Tätowierungen, durch farbige indianische Darstellungen, einfache keltische Muster oder florale indische Ornamente. Doch auch hier gilt wie bei allen kreativen Techniken: Erlaubt ist, was gefällt! Für die Party passen geheimnisvolle, vieldeutige Zeichen oder ein farbenprächtiger Glitzerschmuck mit Strasssteinchen, auf Kindergeburtstagen sind bunte Käfer, Blümchen und Tiere der Renner, und ein Tattoo am Bauchnabel oder auf der Schulter sorgt in der Disco für Aufmerksamkeit. Mit Tattoo-Stiften lassen sich für jede Gelegenheit die passenden Motive schnell auf die Haut bannen und genauso rasch und problemlos wieder entfernen.

Viel Spaß beim Gestalten der Tattoos und Entwerfen eigener Motive wünscht

Herzlichen Dank an unsere "Models" Annika, Mira, Kathi, Wolfgang und Sven!

Tattoo-Stifte

Die speziellen Tattoo-Painter der Firma C. Kreul gibt es in verschiedenen klassischen Tattoo-Farben. Die speziellen Farbpigmente vermitteln den Eindruck eines echten Tattoos. Auf der Haut halten die Farben zwischen zwei und fünf Tagen, können aber mit Wasser und Seife jederzeit wieder entfernt werden. Nach kurzem Antrocknen sind die Farben wischfest, doch sollte eine starke Beanspruchung der bemalten Hautstelle vermieden werden. Verblassende Tattoos können durch Nachmalen wieder aufgefrischt werden. Die Stifte sind dermatologisch getestet und sehr gut hautverträglich. Um sowohl sehr feine Linien ziehen als auch größere Flächen ausmalen zu können, sind die Spitzen der Stifte wie ein Pinsel geformt. Mit dem spitz zulaufenden Ende lassen sich filigrane Einzelheiten gestalten, und mit den breiten Seiten kann die Farbe flächig aufgetragen werden.

So geht's

Wie bei allen Schmück- und Schminktechniken sollten alle Utensilien bereitliegen, bevor mit der Arbeit an der trockenen und fettfreien Hautstelle begonnen wird. Je nach Motiv sind das die Tattoo-Stifte in den erforderlichen Farben, die Utensilien zum Abpausen der Vorlagen und eventuell selbstklebende Strasssteinchen. Vor allem für farbenprächtige Motive, die im künstlichen Licht von Partys oder Discos auffallen wollen, sind Glitzereffekte zu empfehlen. Strasssteinchen sind in verschiedenen Größen und Farben erhältlich. Sie sind mit einer selbstklebenden Folie versehen, so dass sie gut auf der trockenen Haut haften und sich leicht wieder entfernen lassen. Beim Abschminken wieder auf die Schutzfolie geklebt, kann man Strasssteinchen mehrmals verwenden. Die Konturen einfacherer Motive können auch frei Hand auf die Haut übertragen werden. Dabei beginnt man mit dem Zeichnen im Zentrum des Motivs und erweitert es Stück für Stück nach außen. Erst ganz zum Schluss werden die Flächen ausgemalt.

Übertragen der Vorlagen

Zum Freihandzeichnen der Tattoos braucht man eine ruhige Hand und etwas Übung. Das gewünschte Motiv einfach ein paar Mal in der richtigen Größe auf einem Blatt Papier mit einem dünnen Filzstift nachzeichnen, dann kommt der richtige "Schwung" mit der Zeit von ganz allein. Wer auf Nummer Sicher gehen will, paust das Tattoo einfach von der Vorlage ab. Über Zwischenkopien kann es nach Belieben vergrößert oder verkleinert werden. So lässt sich jedes gewünschte Tattoo schnell und sicher auf die Haut übertragen:

1 Das Motiv mit Tintenroller oder dünnem wasserlöslichem Filzstift und Transparentpapier (Butterbrotpapier) von der Vorlage abpausen.

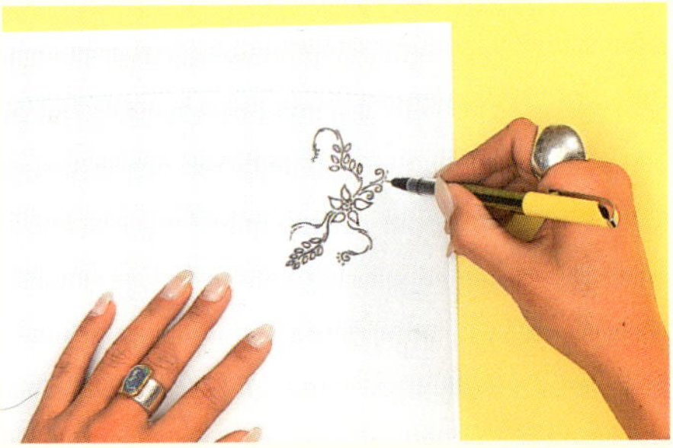

2 Die Hautstelle, die mit dem Tattoo geschmückt werden soll, mit Deo-Stic bestreichen. Unbedingt einen Deo-Stic nehmen, ein Deo-Roller ist zu feucht, die Tinte verläuft.

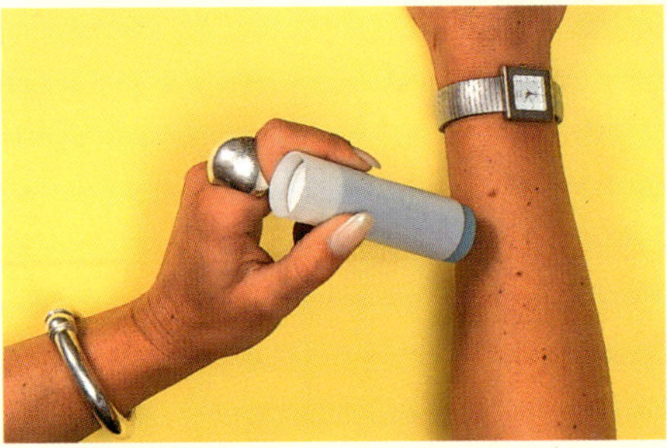

3 Das Transparentpapier mit der bemalten Seite auf die Hautstelle drücken und vorsichtig wieder abziehen. Dann die Linien mit einem dunklen Tattoo-Stift nachziehen und mit bunten Tattoo-Stiften gestalten. Bei der Abpaus-Methode erscheint das Motiv spiegelverkehrt auf der Haut.

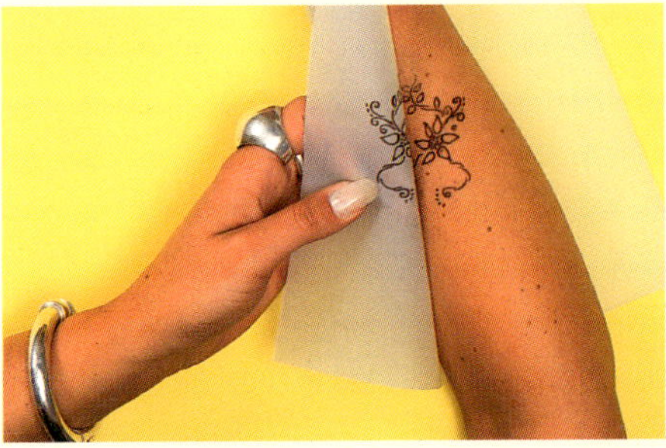

Blumenkind

Tattoo-Stifte

- Dunkelbraun
- Hellbraun
- Blau
- Grün

Vorlage A

1 Das Motiv vom Vorlagenbogen wie auf Seite 5 beschrieben übertragen.

2 Die Grundlinien der Ranke in Dunkelbraun zeichnen. Dann die Konturen der Blätter malen.

3 Die Blätter farbig gestalten. Die Ränder mit Hellbraun nachziehen.

Tipp

Werden die einzelnen Formen mit einer hellbraunen Linie umrandet, wirken die Konturen weicher und harmonieren sehr schön mit der Haut.

Käferchen

Tattoo-Stifte

- Schwarz
- Rot
- Grün
- Hellbraun

Vorlage B

1 Das Motiv vom Vorlagenbogen wie auf Seite 5 beschrieben übertragen.

2 Die Konturen mit Schwarz fein nachzeichnen. Pusteblumensamen bleiben einfarbig Schwarz.

3 Danach die Flächen der Motive in Rot, Grün und Hellbraun ausmalen.

Tipp

Die Konturen vor dem Füllen der Flächen etwa 30 Sekunden antrocknen lassen. Dadurch bleiben die Farben klar.

Schlange & Spinne

Tattoo-Stifte

- Schwarz
- Hellbraun
- Dunkelbraun
- Grün
- Blau
- Rot

Vorlagen C, D, E

1 Die Motive vom Vorlagenbogen wie auf Seite 5 beschrieben übertragen.

2 Motive mit Schwarz konturieren. Die Fäden des Spinnennetzes etwas dicker nachziehen.

3 Die Spinne mit Rot und Dunkelbraun ausmalen. Die Schlange nach Abbildung mit Grün, Blau, Rot und Hellbraun bunt ausmalen.

Tipp

Für Schattierungen werden die noch feuchten Farbflächen am Rand mit einem dunkleren Stift nachgemalt und mit der flach angelegten Stiftspitze über den Motivrand nach außen gezogen.

Schmuckperlen

Tattoo-Stifte

- Schwarz
- Hellbraun
- Dunkelbraun
- Grün
- Blau
- Rot

Vorlage F

1 Die Motive vom Vorlagenbogen wie auf Seite 5 beschrieben übertragen.

2 Konturen dünn mit Schwarz nachzeichnen.

3 Farbflächen nach Abbildung ausmalen.

Tipps

Den Stift senkrecht halten und mit der Spitze die Linien fein nachzeichnen. Somit wirken das Band und der Ohrring filigran und edel. Tattoo-Bänder aus Plastik mit Ziersteinchen sind eine schöne Ergänzung zum aufgemalten Perlenschmuck.

Sternzeichen

Tattoo-Stifte

- Schwarz
- Hellbraun
- Dunkelbraun
- Grün
- Blau

Vorlage G

1 Die Motive vom Vorlagenbogen wie auf Seite 5 beschrieben übertragen.

2 Konturen erst dünn in Schwarz, dann breiter in Dunkelbraun und Hellbraun nachzeichnen.

3 Flächen wie abgebildet mit Blau und Grün füllen.

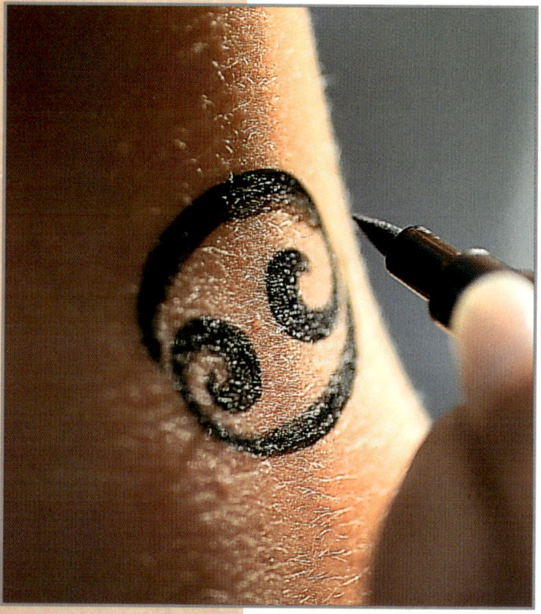

Tipps

Feine Striche mit senkrecht geführter Stiftspitze zeichnen. Breitere Linien werden mit der Seitenfläche der Stifte gemalt. Auf der Abbildung sind die stilisierten Sternzeichen von Fische, Krebs und Stier zu sehen, auf dem Vorlagenbogen sind alle Sternzeichen abgebildet.

Disco like

Tattoo-Stifte

- Schwarz
- Hellbraun
- Dunkelbraun

Zusätzlich

- Aufklebemotive

Vorlagen L, M

1 Die Motive vom Vorlagenbogen wie auf Seite 5 beschrieben übertragen. Das Rankenstück unterhalb des Auges sollte frei Hand aufgezeichnet werden.

2 Die Konturen mit Schwarz nachzeichnen.

3 Dann die Farbflächen nach Abbildung von Dunkel nach Hell ausmalen.

4 Selbstklebenden Schmuck anbringen.

Tipps

Vor dem Auftragen des Dekolletee-Motivs das Trägershirt anziehen, damit das Motiv an der richtigen Stelle platziert werden kann. Die Augenwinkel wie beim vorherigen Motiv aufzeichnen. Fein geführte Linien unterstreichen den Charakter des Motivs

Ranke

Tattoo-Stifte

- Schwarz
- Hellbraun
- Dunkelbraun
- Grün
- Blau

Zusätzlich

- selbstklebende Strasssteinchen
- Aufklebemotive

Vorlagen K

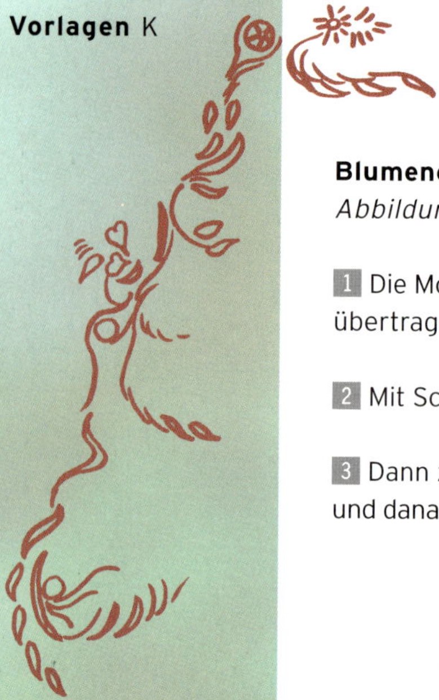

1 Das Motiv vom Vorlagenbogen wie auf Seite 5 beschrieben übertragen.

2 Mit Schwarz die Konturen der Ranke nachziehen.

3 Aufklebemotive und Strasssteinchen auf die freigelassenen Stellen kleben.

4 Mit den Tattoo-Stiften Motiv wie in der Abbildung gestalten.

Tipps

Das Augenmotiv bei geöffnetem Auge malen, damit der Augenwinkel ausgespart wird. Selbstklebende Strasssteinchen und bunte Motive zum Aufkleben auf die Haut gibt es in vielen Kosmetikläden.

Blumenornamente

Abbildung und Materialangaben Seite 20

1 Die Motive vom Vorlagenbogen wie auf Seite 5 beschrieben übertragen.

2 Mit Schwarz die Umrisse fein nachzeichnen.

3 Dann zunächst mit Dunkelbraun die Konturen verstärken und danach mit Hellbraun die Innenflächen der Motive gestalten.

Tipp

Werden die schwungvollen Striche vorher auf Papier geübt, gelingen sie leichter und bekommen einen feineren Verlauf.

Blumen-ornamente

Tattoo-Stifte

- Schwarz
- Hellbraun
- Dunkelbraun

Vorlagen H, I

Anleitung Seite 18

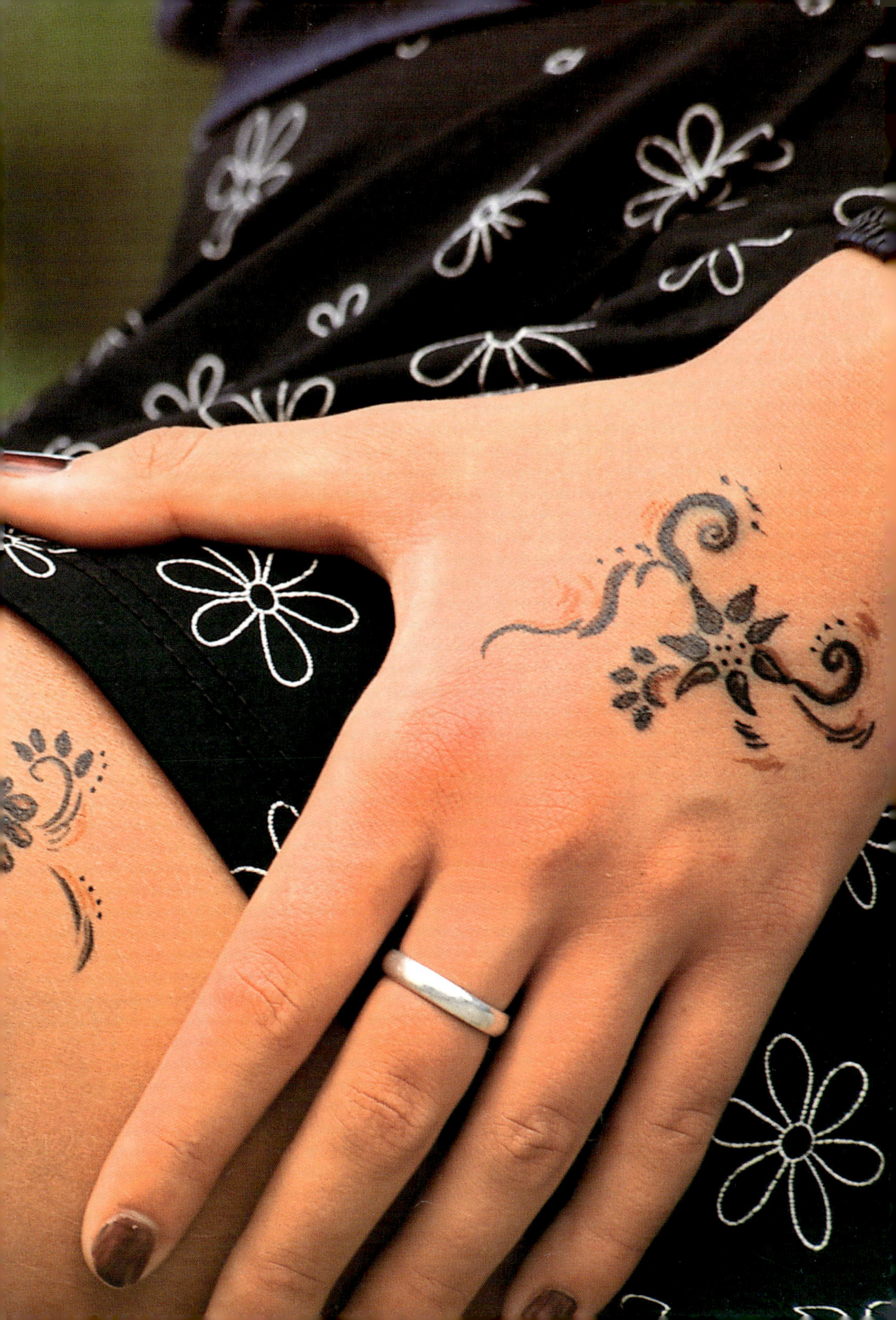

Fußschmuck

Tattoo-Stifte

- Schwarz
- Hellbraun
- Dunkelbraun

Vorlagen N, O

1 Das Motiv vom Vorlagenbogen wie auf Seite 5 beschrieben übertragen.

2 Konturen mit Schwarz vorzeichnen. Danach Dunkelbraun und Hellbraun ergänzen.

Tipp

Hält man die Reihenfolge aus 2. ein, wirkt das Motiv sehr harmonisch auf der Haut. Bei heller Haut immer mit Hellbraun an der Außenlinie enden, dann ist der Übergang weniger hart.

Indianerbänder

Tattoo-Stifte

- Schwarz
- Hellbraun
- Dunkelbraun
- Blau
- Grün
- Rot

Vorlagen P, Q

1 Das Motiv vom Vorlagenbogen wie auf Seite 5 beschrieben übertragen.

2 Konturen mit Schwarz vorzeichnen und trocknen lassen.

3 Das Motiv wie in der Abbildung bunt ausgestalten.

Tipps

Nach jedem Farbauftrag die Fläche ein paar Sekunden antrocknen lassen und erneut bemalen. Die Farben wirken dann intensiver und klarer. Schnelle feine Striche bringen Schwung in das Federmotiv.

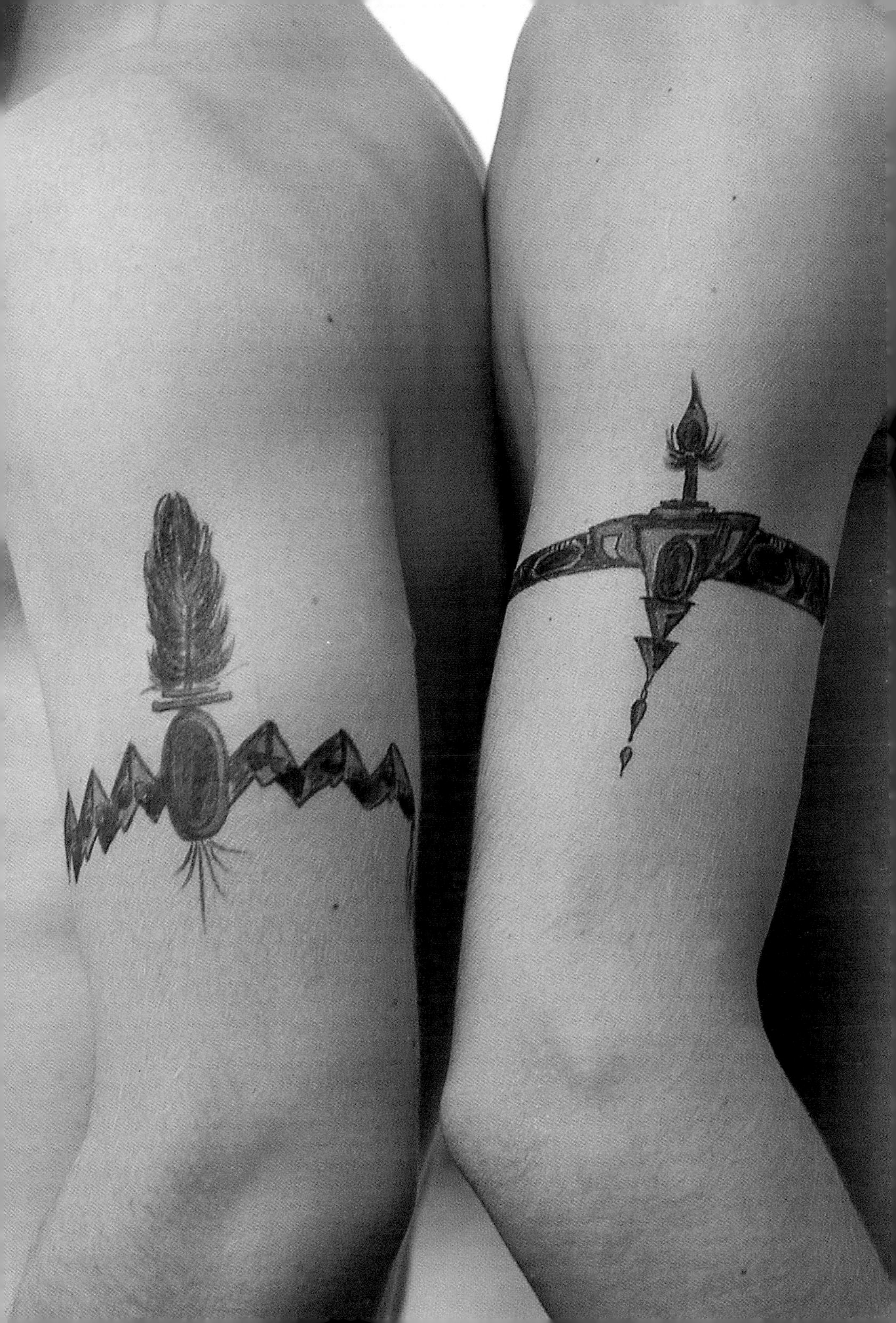

Bauchschmuck

Tattoo-Stifte

- Schwarz
- Hellbraun
- Blau

Vorlage R

1 Das Motiv vom Vorlagenbogen wie auf Seite 5 beschrieben übertragen. Dabei die Bauchdecke straff gespannt halten.

2 Die Umrisse mit Schwarz nachzeichnen.

3 Nachfolgend erst Hellbraun, dann Blau auftragen.

Tipps

Ein Tattoo am Bauchnabel ist immer ein Blickfang, vor allem dann, wenn der Bauchnabel gepierct ist. Durch Aufkleben von Strasssteinchen kann ein Piercing imitiert werden.

Symbole

Abbildung & Materialangaben Seite 28

1 Das Motiv vom Vorlagenbogen wie auf Seite 5 beschrieben übertragen.

2 Konturen mit Schwarz vorzeichnen.

3 Tattoo erst mit Schwarz ausmalen, dann mit Dunkelbraun und nachfolgend mit Hellbraun die Umrisse außen nachziehen.

Tipp

Vor dem Malen das Trägershirt anziehen, damit das Motiv optimal platziert werden kann.

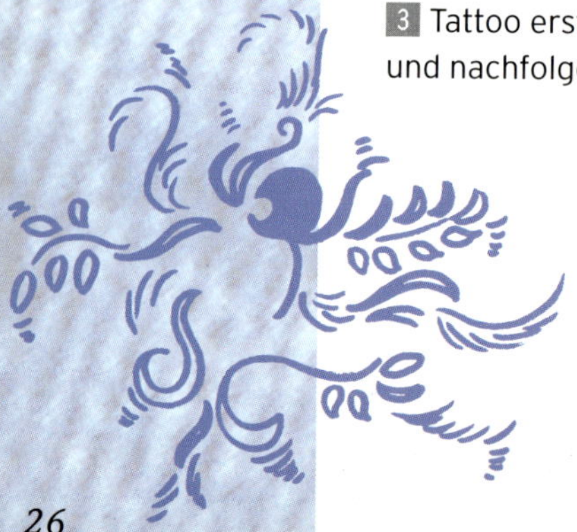

Symbole

Tattoo-Stifte

- Schwarz
- Hellbraun
- Dunkelbraun

Vorlagen S, T

Anleitung Seite 26

Handschmuck

Tattoo-Stifte

■ Hellbraun
■ Dunkelbraun

Vorlagen U, V

1 Das Motiv vom Vorlagenbogen wie auf Seite 5 beschrieben übertragen.

2 Linien und Umrisse mit Dunkelbraun nachzeichnen.

3 Die Flächen wie auf der Abbildung ausmalen.

Tipp

Bei Bemalung der Hände sollte auf Schwarz immer verzichtet werden, da die Motive sonst zu hart erscheinen. Die dezenten Hauttöne Dunkel- und Hellbraun sind auf diesen Malstil abgestimmt.

Impressum

ISBN 3-419-56340-X

Textredaktion:
Martin Stiefenhofer, Freiburg

Styling und Fotos:
Christoph Schmotz, Freiburg

Covergestaltung und Layoutentwurf:
Network!, München

Coverrealisierung:
smp, Freiburg

Produktion:
Carsten Schorn, Merzhausen

Druck:
Freiburger Graphische Betriebe

Wir sind für Sie da, wenn Sie Fragen haben.
Und wir interessieren uns für Ihre eigenen Ideen und Anregungen.
Schreiben Sie uns, wir hören gerne von Ihnen!
Ihr Christophorus-Team

Christophorus-Verlag GmbH
Hermann-Herder-Str. 4
79104 Freiburg
Tel.: 0761/ 27 17-0
Fax: 0761/ 27 17-3 52
oder e-mail:
info@christophorus-verlag.de

Profi-Tipp der Autorin

Motive überall

Egal ob eine tiefrote Rose, Mickymaus oder ein schwarzes Schriftzeichen – alles eignet sich als Motiv für ein schmückendes Tattoo. Mit den bunten Tattoo-Stiften lassen sich auch sehr schön mehrfarbige Mandalas oder bunte Paradiesvögel auf die Haut malen. Der Fantasie sind keine Grenzen gesetzt, und mit der Abpaus-Methode kann jede gewünschte Vorlage aus Zeitschriften oder Büchern auf die Haut übertragen und nach eigenem Geschmack gestaltet werden.

Viele Tattoos sind Schwarz konturiert oder in dunklen Farben gehalten, damit das Motiv auch auf gebräunter Haut gut zur Geltung kommt. Mit helleren oder bunten Farben ausgeführt, bekommen manche Tattoos einen ganz besonderen Reiz. Hier lohnt sich Experimentierfreude!